DIEU GUÉRIT

Gabriele

DIEU GUÉRIT

Editions Gabriele
La Parole

L'Esprit universel –
l'enseignement de l'amour pour Dieu et pour le prochain
envers l'homme, la nature et les animaux

Dieu guérit

2ème édition en français : décembre 2016

© Gabriele-Verlag Das Wort GmbH
Max-Braun-Str. 2, 97828 Marktheidenfeld, Allemagne
www.gabriele-verlag.de
www.editions-gabriele.com

Pour toute question se rapportant au sens,
l'édition allemande fait référence.
Traduction de l'allemand autorisée par
© Gabriele-Verlag Das Wort GmbH

N° de comm. S309POD ~ N° ISBN 978-3-89201-808-7

Table des matières

Guérison

Dans ce mot vibrent tant de choses que les hommes y associent depuis toujours !

Guérison

Combien d'espérances et de désirs enfouis dans le cœur humain résonnent dans le mot guérison !

La guérison apporte apaisement, consolation et délivrance, elle procure la paix là où il y a un dysfonctionnement. Le mot « guérison » signifie le processus qui mène à la santé et non l'aboutissement de ce processus qui est d'être guéri.

Qui n'a pas besoin de guérison ?

Qui n'a pas à se plaindre d'un problème de santé plus ou moins grave dont il souhaite être libéré ?

Celui dont le cœur est encore vivant pressent par ailleurs que la guérison, le processus de guérison et le fait d'être guéri, sont en rapport avec un ordre fondamental de l'être intérieur. La guérison, dans son sens le plus profond, touche aux sphères de l'âme qui constituent l'origine de l'homme et dans lesquelles repose sa vie véritable.

Comment nous ouvrir
à la source de la force curative ?

La force centrale au plus profond de l'homme, c'est l'Esprit.

Dieu est la force primordiale de toute existence.

Cet Esprit universel divin est la vie en toute forme d'existence, également dans les formes de vie matérielles.

Son souffle qui est vie anime l'âme de l'homme ainsi que chaque cellule de son corps. L'Esprit est donc la vie, la force de vie, la force curative. Si nous voulons obtenir la guérison par l'Esprit, nous devons animer de vie tout ce qui est en rapport avec le processus de guérison, c'est-à-dire donner de la vie à nos pensées et à nos paroles.

Beaucoup de personnes disent : « Il faut que je guérisse, oui, je veux guérir. » Cependant, en même temps, elles doutent intérieurement de leur guérison. Elles parlent bien de « guérison » et de « guérir » mais ne sont pas conscientes que simultanément, au fond d'elles-mêmes, en sentiments et en pensées, elles doutent de la guérison. Ce faisant, elles opposent des sentiments et des pensées pessimistes et sceptiques aux mots positifs « guérison » et « guérir ». Il en résulte que les forces positives des mots « guérison » et « guérir » sont bloquées et ne peuvent pas agir. Nous détruisons ainsi nous-mêmes ce que nous souhaitons. Nous n'animons pas de vie ce que nous exprimons.

Chaque être humain possède une âme ; et la force unique, Dieu, anime toute forme de vie.

Ce n'est que lorsque nous parvenons à la confiance envers Celui qui est le salut et la guérison, Dieu, et que nous animons nos paroles de cette confiance, lorsque nous laissons vibrer notre monde de sensations, sentiments et pensées, en tant que force vivifiante, dans les mots « guérison » ou « guérir », que ces derniers ont de la force et agissent dans notre âme et dans chaque cellule de notre corps. Alors seulement ils entraînent la guérison et le soulagement de nos souffrances.

Dieu est Esprit, Dieu est énergie. Comme toutes les autres formes de vie matérielle, donc de substance grossière, le corps humain est énergie dégradée, Esprit densifié. Il vit sur le plan vibratoire de la matière qui lui correspond. Dieu, cependant, anime la vie de Son Esprit et ainsi chacun de nous.

Si nous nous ouvrons à Dieu, l'Esprit, en transformant notre monde de sensations et de pensées, en l'élevant, c'est-à-dire en nous efforçant de penser d'une manière noble, pure, bonne et de n'exprimer que ce que nous pouvons approuver avec nos sensations et nos pensées, nous accédons alors à l'origine de la vie, à l'Esprit. Nous nous ouvrons à la source éternelle de la force et obtenons soulagement et guérison.

Il dépend donc uniquement de nous-mêmes de nous ouvrir et de laisser agir le flux des forces de l'Esprit dans les mots « guérison » et « guérir », ceci à travers nos sensations et pensées qui servent de transformateurs à la force divine qui vivifie alors le mot et le laisse agir en nous et autour de nous dans un sens positif.

Mais si nos sensations et nos pensées ne sont pas positives et que nous nous disions : « Je souhaite retrouver santé et force », ces paroles sont alors dépourvues d'énergie, parce que les transformateurs – les sensations et les pensées – ne sont pas consciemment orientés sur le salut, sur la force, Dieu. Nous ressentons et pensons autrement que nous parlons. Ce faisant, nous bloquons automatiquement la force qui voudrait vivifier nos sensations, pensées et paroles.

Les sentiments, sensations et pensées étant les transformateurs de la force, si nous ne faisons que penser à la « guérison » ou en parler, alors que ce qui vibre dans notre monde de sensations et de sentiments est complètement différent, il ne faut pas nous attendre à une guérison ou à un soulagement.

Nous pouvons passer des jours entiers à penser et à prononcer les mots « guérison » et « santé », nous n'y parviendrons pas si nous n'y ajoutons pas la force vivifiante, si nous n'animons pas nos paroles et nos pensées de nos sensations et sentiments et que nous ne donnons aucune force à nos souhaits. Nous resterons malades et continuerons à avoir des soucis, à souffrir et à subir des revers de fortune.

L'homme peut échapper aux maladies, aux soucis et aux revers de fortune s'il prend conscience de son origine, l'Esprit et qu'il aspire à une évolution spirituelle supérieure en s'efforçant de réaliser les lois spirituelles divines. La loi suprême, qui englobe tout, est l'amour.

Une guérison profonde et durable n'est possible qu'à travers l'Esprit et par l'Esprit, car c'est en Lui que sont contenus toute force, toute vie et tout salut.

Concernant l'éveil et le développement de la force curative et vitale, je souhaite seulement donner des conseils et des indications. Ils ne pourront cependant jamais être exhaustifs et complets, car les interactions et les aspects qui entrent ici en ligne de compte sont très complexes et aussi divers et subtils que la vie elle-même.

L'ère de l'atome. L'ère du Verseau.
L'influx des forces cosmiques.
Le monde à la dérive.
Où trouver un soutien réel ?

C'est dans son contexte cosmique que nous devons regarder notre vie sur Terre à notre époque.

Nous nous trouvons devant un grand changement d'ère. Des forces cosmiques agissent d'une manière croissante sur notre vie actuelle.

Sous l'effet de lois d'airain, que nous ne pouvons saisir dans tous leurs détails, ces forces agissent autant à l'intérieur de la Terre qu'à sa surface, mais aussi sur tout le système solaire et génèrent partout des transformations. Elles activent également les maladies et les revers de fortune qui se trouvent encore à l'état latent dans notre âme ainsi que dans notre corps physique. Nous avons créé ces causes dans des vies antérieures. La force cosmique fait ressortir tout ce qui n'a pas encore été expié.

La Terre tourne autour de son axe, amenant l'alternance des jours et des nuits. Selon d'autres lois cosmiques, déterminées, elle tourne autour du Soleil – qui dispense la vie à la substance matérielle –, amenant ainsi l'alternance des saisons.

Egalement selon des lois déterminées, des époques riches en spiritualité et en force cosmique se succèdent. Chaque nouvelle époque renferme en elle davantage de spiritualité et éveille l'homme à une prise de conscience spirituelle supérieure. C'est ainsi que beaucoup d'entre nous reconnaissent que notre vie véritable est cosmique, c'est-à-dire éternelle, et que nous ne sommes enfermés dans notre corps et liés à la planète Terre que pour une courte durée, le temps d'une brève existence.

Notre être originel, éternel, est un enfant de l'infini, l'enfant du Père éternel. Nous ne pouvons faire autrement que de nous orienter sur cette force cosmique, sur Dieu, du fait que nous sommes des enfants du cosmos et des héritiers de l'éternité.

Nous vivons à l'ère de l'atome et en même temps, d'un point de vue spirituel, à l'ère du verseau, qui nous fait évoluer et nous pousse à mener une vie spirituelle et à rechercher l'intériorisation.

Toujours plus de gens ne trouvent plus de sens ni d'appui dans la vie matérielle. La vérité éternelle met en mouvement de nombreuses personnes qui se mettent alors en recherche de valeurs et d'idéaux supérieurs. Elles se tournent vers l'intérieur pour y trouver salut et vie.

Toujours plus nombreux sont ceux qui tombent malades, et beaucoup sont anxieux. Ils vivent dans la peur constante d'une maladie qui pourrait les clouer au lit ou dans la crainte de subir un jour une irradiation atomique et de souffrir de ses suites. Plus la peur grandit, plus l'homme recherche intensément le salut, la sécurité, la quiétude, l'espoir et la confiance.

En cette époque agitée, où les hommes ne sont plus à l'abri d'une irradiation atomique, de maladies et de dépérissement physique et où plus personne ne sait si les aliments consommés sont sains ou déjà pollués, beaucoup commencent alors à chercher le salut en eux-mêmes.

L'Esprit éternel qui apporte salut et vie, Dieu, l'amour, n'abandonne pas les êtres humains. Plus la détresse de l'homme est grande, plus l'Esprit agit puissamment dans ce monde. Il instruit Ses enfants et leur offre soulagement et guérison.

Il faut cependant pour cela que ceux-ci puissent affirmer et reconnaître l'Esprit, la vie, Dieu en eux, comme source de force. C'est là le premier pas vers la guérison intérieure. Le deuxième pas consiste à faire la paix avec son prochain et à s'efforcer d'être probe, intègre, en sensations et en pensées. Celui qui fait ces pas commence alors à aimer ses semblables qui souffrent également tout comme lui. Il acquiert de la compréhension pour son prochain et va à son contact ; il se rapproche alors de Dieu, le médecin et guérisseur intérieur en Christ, notre Rédempteur.

L'Esprit en nous veut être en même temps notre chemin, notre médecin et notre guérisseur. C'est Lui qui nous conduit jusqu'aux cimes cosmiques, jusqu'au printemps éternel de la félicité, dans la mesure où nous faisons preuve de bonne volonté et que nous parvenons à nous ouvrir à Lui, à Sa force curative. Le seul chemin pour y parvenir est l'Esprit. Ce chemin amène évolution intérieure, salut et santé.

Le monde est soumis à un changement perpétuel. Au cours des temps à venir, une transformation d'une ampleur insoupçonnée, plus globale et profonde que nous ne pouvons l'imaginer, va s'abattre sur l'humanité. La radioactivité va s'accroître davantage encore et notre vie sur Terre sera toujours plus menacée. Tôt ou tard, nous verrons que ce que l'homme a inventé et créé s'éloigne toujours plus de l'ordre qui existait jusqu'à présent. Nous constaterons que les végétaux aussi, les herbes, les fruits et les légumes souffrent des causes que l'être humain a créées par ces abus et deviennent de moins en moins aptes à la consommation.

Vers qui l'homme doit-il se tourner lorsque souffrance, chagrin et douleur l'oppressent, lorsque son corps est marqué par la maladie et le dépérissement ? Où sont ceux qui apportent soulagement et guérison ? Se trouvent-ils parmi ceux qui aujourd'hui tiennent de grands discours rassurants et malgré tous les indices laissant présager des dangers pour la vie sur Terre ne changent pas de cap ? Pour le moment, ils occupent encore des positions dirigeantes. Mais lorsque la détresse grandira parmi les hommes, lorsque les maladies et le dépérissement physique s'étendront, eux aussi seront amenés à se taire et à se tourner finalement vers Celui qui est la vie, qui est au-dessus du temporel, de la maladie, de la détresse et des soucis : le médecin et guérisseur intérieur, l'Esprit, Dieu, le Sauveur de la vie de notre âme, Celui qui apporte la guérison à notre corps.

En ce temps où le risque nucléaire augmente, plus d'un reconnaîtra l'ère du Verseau où l'Esprit se révèle avec puissance. Cependant, ceux qui sont restés ignorants et ne se sont pas éveillés intérieurement, gémiront, se lamenteront de plus bel et se cramponneront à ce qui était valable jusqu'à présent. Le monde s'effondrera pour eux aussi, car ce en quoi ils trouvaient jusqu'alors la sécurité vacillera et tombera dans le chaos. Leur dernier appui leur sera ôté et le peu de bonheur qu'ils connaissaient leur sera ravi. Perdus, ils se demanderont alors où trouver appui et refuge dans leur vie.

Rien ne se perd.
Nous récoltons ce que nous semons

Celui qui est éveillé sait cependant où chercher et trouver le soutien indéfectible, le monde véritable. Il sait que la mort du corps n'est pas la fin, mais uniquement un passage vers la prochaine étape de l'existence de l'âme qui continue à vivre avec tous les côtés sombres et lumineux qu'elle a développés lorsqu'elle était incarnée.

Rien ne disparaît. Ce que l'homme sème, il le récoltera, à moins qu'il ne s'efforce sérieusement de s'analyser et de reconnaître les aspects négatifs présents en lui. Il peut alors très rapidement prendre conscience de son comportement erroné, se rendre compte de ses infractions à la loi divine et s'efforcer aussitôt de les mettre en ordre. On peut alors parler d'une vie consciemment vécue.

Celui qui sait que tout est énergie et qu'aucune énergie ne se perd, sait également que tout ce que nous émettons revient vers nous : énergie, sensations, pensées, paroles, actes, œuvres bonnes et mauvaises, craintes, haine, envie, hostilité et jalousie. Cela pénètre alors notre âme et se reflète, conformément à notre manière de penser et d'agir, dans notre corps. Car ce que nous avons semé devient manifeste dans cette vie ou dans une autre à travers notre corps, ou encore dans les plans de purification de l'au-delà.

Celui qui comprend que rien ne se perd, rien ne disparaît, entreprend d'aller à la racine des choses en lui-même, de s'analyser. Il commence à suivre les lois divines éternelles et se tourne à nouveau vers sa vraie patrie, la patrie intérieure.

En apprenant à se connaître et en mettant en ordre les aspects reconnus, son âme se purifie. Il parvient ainsi à la connaissance de Dieu et se sent en sécurité en Christ. Ses peurs s'éloignent, car il ne recherche plus la sécurité à l'extérieur. Il comprend que joies et peines ne proviennent pas de l'intérieur, de l'Esprit éternel, mais qu'il crée lui-même ces énergies qui sont également résonances et qui recouvrent pour ainsi dire l'action de l'Esprit et se manifestent dans son corps.

Ce que nous vivons, joies ou peines, paix, harmonie ou maladie, revers de fortune, solitude et détresse, nous l'avons acquis ou nous nous le sommes infligé par nos pensées et actes correspondants, positifs ou négatifs.

Nous sommes donc nous-mêmes les architectes de notre vie.

L'activation des forces intérieures.
La bonne prière.
Le silence

L'être humain se trouve à l'école de la vie. La Terre est pour lui un lieu d'apprentissage où il peut changer. Nous devons reconnaître cette chance et en conséquence nous efforcer de purifier notre âme, notre patrimoine cosmique, en nous orientant, déjà en tant qu'être humain, sur le but véritable de la vie et en activant en nous les forces intérieures, les forces de Dieu, qui sont également des forces curatives, afin qu'elles s'écoulent plus abondamment en nous.

Nous devons travailler sur nous-mêmes afin de renaître dans l'Esprit, de trouver le salut intérieur et d'obtenir ainsi la guérison qui vient de l'Esprit. Il nous faut respecter les lois de la vie ; de cette façon nous éveillerons en nous la source qui voudrait abreuver chaque cellule de notre corps.

Tout est en nous ; la guérison universelle, c'est l'Esprit qui habite au plus profond de notre âme. Il est la force qui guérit l'âme et l'homme. Cette force intérieure, la force de vie et de guérison dans notre âme et aussi dans notre corps, peut agir dans la prière et la méditation, à travers un haut degré de silence intérieur.

Cependant, prier implique que je réalise dans ma vie la prière que je formule et toutes les demandes que j'y dépose. Si je prie en vue d'obtenir la guérison, je dois cultiver des pensées de guérison et ne plus parler de maladie. Si je prie pour la paix, je dois pardonner à mon prochain et lui demander pardon. Les pensées positives, désintéressées, que j'émets vers mon prochain en voyant le positif en lui, font naître la paix en moi. Lorsque je commence à aimer mon prochain au lieu de le chicaner sur ses fautes et faiblesses, cet amour et mes prières ouvrent mon cœur.

Bien prier implique toujours en même temps de bien se conduire dans sa vie.

Je ne parviens au silence profond que si mes sensations et pensées sont nobles, que si je vois également le positif en mon prochain et que je fais le bien et agis de manière désintéressée. Le silence s'installe alors en moi. Mes sentiments et pensées négatifs s'estompent. Je n'exprime plus que l'essentiel, ce qui est bon et utile. Ce sont là les degrés supérieurs du silence. Ce qui ne veut pas dire que toutes les pensées se taisent, qu'en nous règne un silence mental absolu. En effet, il peut y avoir en moi des pensées désintéressées, nobles, emplies de Dieu. C'est cela aussi le silence.

Pour pouvoir nous libérer de nos pensées et tendances basses, nous devons tout d'abord devenir silencieux intérieurement. L'Esprit tout-puissant, la force intérieure de salut et de vie, peut alors commencer à agir plus intensément en nous. Nous obtenons la guérison à partir de l'intérieur et retrouvons la santé. Aspirer à ce processus de guérison implique de prendre une nouvelle direction et de changer sa manière de penser.

Chaque pensée tend à se réaliser

La vie est vibration. Cette vérité fondamentale est universelle. Dans l'existence humaine, nos pensées sont des vibrations qui jouent un rôle particulièrement important pour notre bonheur et notre malheur.

Les pensées sont des forces immenses.

Nos pensées négatives deviennent réalité, à moins que nous nous ressaisissions à temps et que nous remettions ces pensées à la lumière intérieure, en priant d'être pardonnés et qu'elles soient transformées. Nous sommes alors libérés de ce que nous avons émis dans l'éther et qui serait sinon retombé sur nous.

Les pensées sont comme des semences. Elles prennent racine, se développent et portent des fruits correspondant à leur espèce, c'est-à-dire à nos pensées, paroles et actes.

Si nous voulons être heureux et récolter santé, harmonie, paix, amour et joie, nous devons tout d'abord semer des éléments correspondants à travers nos sensations, pensées et actes.

Afin de parvenir à la guérison intérieure, nous devons être pleinement conscients que toute pensée – positive ou négative – tend à se réaliser. Plus une pensée est nourrie, plus elle a de force et plus ses effets sur notre âme et notre corps sont importants.

Par exemple, si nous concentrons tous nos désirs, nos aspirations et notre vouloir sur une pensée, alors la moindre impulsion provenant du monde des pensées – souvent du subconscient – la propulsera dans le conscient, dans la réalité, où elle nous asservira et nous tourmentera. Si nous nous examinons, nous reconnaîtrons que tant que nous restons esclaves de nos pensées négatives, nous sommes des dilettantes de la vie.

Il nous faut bien reconnaître que chaque maladie, incommodité ou revers de fortune sont le résultat de nos propres sensations, pensées, paroles et actes. Nous créons nous-mêmes, par nos pensées, les forces positives qui permettent à notre âme de s'épanouir, de guérir et d'apporter à notre corps la quiétude et la santé. Nous créons nous-mêmes également les champs d'énergie négatifs qui nous influencent, chargent notre âme et déclenchent encore d'autres pensées, c'est-à-dire qui attirent des éléments semblables ou identiques se trouvant dans le monde des pensées. Ce que nous attirons ainsi et entretenons en ressassant les mêmes pensées, s'installe en nous et nous influence toujours plus, ceci en fonction de la fréquence à laquelle nous y pensons.

La présence dans notre âme d'une trace de souffrance, de souci, suffit pour qu'à la suite d'une impulsion extérieure elle soit renforcée et devienne un énorme complexe. Nous commençons à penser à quelque chose, mais ne maîtrisons pas nos pensées que nous laissons toujours revenir et auxquelles nous ajoutons sans cesse des éléments semblables ou identiques. De cette manière, la force négative s'intensifie et agit en conséquence sur notre corps, il peut alors en résulter revers de fortune, souffrances, détresse ou maladies.

Des pensées positives élèvent l'âme et le corps à un champ vibratoire supérieur. Maîtriser ses pensées, c'est maîtriser sa vie

C'est pourquoi maîtriser ses pensées, c'est en même temps maîtriser sa vie. Cela signifie que penser d'une manière juste, c'est vivre de manière juste. Celui qui ne surveille pas son monde de pensées et ne se maîtrise pas lui-même succombe également à la puissance suggestive du milieu dans lequel il se trouve, car les pensées et les idées naissent aussi sous l'influence de l'atmosphère créée par nos semblables. Tant que nous n'avons pas appris à nous protéger de nos propres pensées, les pensées et les idées de nos prochains peuvent pénétrer dans notre conscience et essayer de nous diriger. Ce sont précisément ces pensées qui, si nous les nourrissons, peuvent agir en nous et déclencher des maladies psychiques ou physiques.

Nous devons parvenir à la réelle prise de conscience que toutes les sensations et pensées déclenchent dans le cerveau des processus qui à leur tour agissent sur toutes les cellules et tous les organes de notre corps. Chaque cellule possède une conscience cellulaire que nous pouvons, par exemple, éveiller et stimuler positivement en émettant des pensées de santé. De même, les nerfs, les organes internes, les glandes et les hormones, ont tous leur propre conscience. Nous pouvons donc influencer tout notre corps par des pensées. Plus nos sensations et pensées sont positives, plus notre âme et notre corps deviennent purs. De cette manière nous accédons à un champ vibratoire plus élevé et sommes ainsi plus facilement entourés de pensées élevées, positives et nobles.

Rien ne se fait de soi-même. Nous devons faire des efforts et bien conduire notre vie. Il nous faut la transformer afin qu'elle gagne en sagesse et en force. Pour cela, il faut vivre consciemment ! Des énergies élevées transformeront alors les énergies basses qui s'accrochent à nous et dont nous n'avons bien souvent pas conscience. Nous serons alors profondément comblés et vivrons pleinement, consciemment, chaque journée, heure et minute, ce qui nous rendra heureux car ce faisant nous gagnons en forces positives. Ces forces enrichissent notre vie et nous accomplissons toujours plus la volonté de Dieu.

Comment débarrasser notre conscience de pensées négatives ? Les soutiens de conscience

Il se peut que malgré tous nos efforts, les mêmes pensées basses continuent à nous tourmenter – des choses dont nous n'arrivons pas encore à nous libérer et qui reviennent régulièrement à notre conscience. Nous devrions alors nous demander si nous sommes réellement prêts dans nos pensées à nous réconcilier avec notre prochain et également si nous lui avons demandé pardon. Si tel est le cas, nous devons continuer à nous interroger et nous demander si nous l'avons fait avec la sincère intention de nous libérer entièrement de tout ce qui a eu lieu ou bien s'il y a certains points que nous ne voulons pas lâcher. Peut-être voulons-nous encore atteindre quelque chose ou bien sommes-nous un peu jaloux de notre prochain ou encore, voulons-nous susciter de la pitié pour être dans le rôle de la victime ?

Donc, si par amour propre, nous gardons en nous la moindre trace d'une pensée négative, elle nous tourmentera. Plus nous la ressassons, plus nous construisons un nouveau champ de forces qui nous influencera de plus en plus. Nous devrons alors nous rendre à l'évidence que notre démarche pour demander pardon ou pardonner en apparence, n'a eu aucun effet. En fait, nous en sommes nous-mêmes responsables, car nous n'avons pas voulu totalement lâcher prise, nous avons gardé certains restes de pensées négatives avec lesquels nous voulions, en fin de compte, nous valoriser nous-mêmes. Nous les avons renforcés par de nouvelles pensées et avons ainsi créé un nouveau complexe qui nous influence comme auparavant.

Cependant, si nous voulons mettre en ordre ce petit reste qui se trouve encore en nous, si nous voulons le déposer entièrement, nous pouvons alors utiliser un soutien de conscience, par exemple : « Grâce à la force du Christ en moi, tout m'est possible. »

Si nous répétons plusieurs fois par jour ce soutien de conscience, avant de nous endormir ainsi qu'au réveil, nous accédons alors, spirituellement et physiquement, à une vibration plus élevée et parvenons peu à peu à nous libérer de ces restes de pensées qui cherchaient à nous influencer.

Ce soutien de conscience, « Grâce à la force du Christ en moi, tout m'est possible », nous devrions l'exprimer avec un sentiment de profonde certitude et de confiance sereine. Alors, en fonction de l'intensité avec laquelle nous nous tournons vers l'Esprit du Christ, nous obtiendrons la force dont nous avons besoin pour surmonter ce qui doit l'être.

Nos pensées positives ouvrent la source de la force en nous

Ce que nous nous imaginons agit directement sur notre corps. Si nous pensons, par exemple, « Je suis fatigué », les nerfs et les muscles enregistrent cette impulsion et la transforment en une fatigue perceptible. Il en va de même lorsque nous pensons « Je suis malade », nos organes faibles et les correspondances de notre âme enregistrent alors cette affirmation. Nous transformons donc nous-mêmes ces pensées en maladie.

Nous devons sans cesse être sur nos gardes et nous efforcer d'opposer à nos propres pensées négatives des pensées positives, des pensées de confiance et de courage. Alors l'Esprit éternel en nous devient vivant. Nous recevrons toujours plus d'énergies spirituelles et physiques. Si notre esprit est éveillé, disposé positivement et concentré, nous conservons notre vitalité.

Dieu est la source de toute force, celle de l'atome et de l'électricité, et celle de notre âme et de notre corps. Toute force vient de l'intérieur, de Dieu, notre créateur, de l'Esprit tout-puissant. Il vivifie ceux qui sont fatigués, fortifie les malades et guérit leurs maux, ceci selon l'intensité avec laquelle chacun se tourne vers Lui, en fonction de ses pensées et de sa vie.

Tout ce qui est bon, pur, noble, toutes les forces positives, viennent du plus profond de notre âme, du noyau central inaltérable, de Dieu.

Si nous vivons avec le divin, en harmonie avec toutes les énergies, non seulement nous conservons notre force créatrice mais en plus elle s'accroît constamment. Par contre, si nous interrompons le contact avec le divin, en pensant et réagissant de manière trop humaine, négative, en semant haine, envie et discorde, en nourrissant des pensées de jalousie, nous perdons de l'énergie, aussi bien spirituellement que physiquement.

Un appareil électrique marche aussi longtemps qu'il est relié au courant. Si l'on coupe le courant, l'appareil ne fonctionne plus.

Il en est de même pour l'être humain. Si nous agissons constamment contre les lois universelles, contre la force de la vie, en ne plaçant pas consciemment notre vie entre les mains de l'Esprit et en ne vivant pas d'une manière disciplinée, les forces spirituelles se réduisent dans l'âme ainsi que dans le corps. Comme les énergies se retirent, les organes s'affaiblissent et deviennent ainsi réceptifs aux maladies. Nous nous appauvrissons en énergie, notre vibration baisse. Nous sombrons ainsi dans des zones de danger où, en fonction de notre état vibratoire, nous absorbons virus et bactéries nuisibles.

Si notre esprit s'est débarrassé des sensations et pensées négatives qui l'encombraient, il travaille mieux et dispose de plus de forces que s'il est chargé de pensées basses et pessimistes.

Nous pouvons faire l'expérience suivante, elle en vaut la peine : pendant vingt-quatre heures, efforçons-nous de penser et de parler de tout de façon positive et emplis d'espoir, qu'il s'agisse de notre travail, de notre santé ou de notre avenir. Les débuts ne seront pas faciles, surtout si nous étions habitués jusqu'à présent à des sensations, pensées et paroles négatives. Nous devons nous en dégager, même si cela exige de nous un grand effort de volonté. Les forces positives ainsi sollicitées nous viendront aussitôt en aide. C'est la seule manière de trouver la paix et d'être toujours plus réceptif au courant saint, Dieu.

La source d'énergie primordiale dispense inlassablement des forces positives, constructives. Elle alimente toute chose, tous les hommes et toute forme de vie.

Pourtant, beaucoup utilisent mal les forces positives. Sous l'effet de leurs sensations, pensées, paroles et actes contraires aux lois divines, ces forces sont transformées, converties en vibrations basses, dégradées. Dieu n'intervient pas, car nous devons retourner à Sa volonté, à l'énergie primordiale divine la plus pure, en traversant notre volonté propre, en reconnaissant notre comportement erroné.

Cependant, si nous nous ouvrons au courant éternel, à Dieu, en activant les forces positives à travers tout notre comportement, en sensations, pensées, paroles et actes, elles viennent alors à nous et servent notre âme et notre corps.

Si nous voulons trouver la santé et stimuler notre corps à guérir par la force de l'Esprit, nous devons admettre ces lois de la vie : les forces négatives, dégradées, ont un effet perturbateur sur l'âme et le corps. Au contraire, les forces positives, pures, divines, les fortifient et activent ainsi la santé. La guérison peut alors se faire de l'intérieur vers l'extérieur, par la force de Dieu en nous.

Nous devons donc tout d'abord nous ouvrir aux forces positives, en triomphant de nos énergies négatives que sont nos sensations, pensées, paroles et actes erronés, en leur opposant des pensées, paroles et actions positives, affirmatives, constructives. Nous serons alors en mesure d'accueillir en nous la force positive qui est aussi la force curative et vitale.

Ainsi, avant d'éveiller les forces intérieures, nous devons nous libérer de nos pensées négatives, éliminer toute pensée rappelant la maladie, sinon ces pensées peuvent produire encore d'autres maladies ou bien maintenir une maladie dans le corps.

Il en est de même pour tout autre problème ou difficulté, incommodité ou revers de fortune. Si nous parlons du fardeau que nous avons à porter pour le moment, alors nous le garderons et même nous l'amplifierons.

Les pensées sont des forces. Plus nous cultivons une pensée, plus cette pensée, qui se transforme alors en un complexe, exerce un pouvoir sur nous.

Aussi difficile que cela puisse nous paraître, lorsque nous souffrons, nous devrions malgré tout prendre conscience que grâce à la force des pensées positives nous pouvons neutraliser beaucoup de maux ou nous préparer à accueillir les forces positives en nous. Ayons le courage de considérer nos douleurs, maladies, difficultés ou problèmes comme la résultante de certaines lois ! Osons faire confiance en la puissance et la force de l'Esprit qui peut tout. Nous pourrons alors faire l'expérience que la force de Dieu est présente, qu'elle soulage et guérit, nous assiste et nous guide.

Préparation à l'influx des forces curatives

Pour devenir réceptifs à l'action cosmique, aux forces curatives et vitales, nous devons prendre conscience que nous portons en nous l'essence même de l'infini. Une force immense, indescriptible, inimaginable agit au plus profond de chacun, c'est la force centrale de l'amour, de la force et du salut de Dieu.

Nous ne sommes faibles, avec des défauts et dépourvus de force que si nous affirmons notre faiblesse, notre manque de force et notre existence humaine. Si en revanche nous faisons confiance à la force suprême en nous, à la plénitude de l'infini, si nous affirmons en pensées, paroles et actes notre filiation divine et la conscience du Dieu Père-Mère en nous, l'énergie suprême de l'amour, et que nous agissons en conséquence, nous devenons alors forts et pleins d'énergie. Ce qui affecte notre corps – nos difficultés momentanées – disparaîtra progressivement. La santé se substituera à la maladie, la liberté aux difficultés et problèmes, le désintéressement remplacera l'égocentrisme, l'amour de Dieu l'amour propre.

Nous devrions ressentir un profond respect pour cette force suprême qui vit en nous. Ce respect se montre aussi dans notre attitude corporelle. Une attitude droite témoigne d'un esprit droit. Nous devrions nous efforcer de nous tenir droits, afin que notre être profond puisse émerger plus facilement et plus rapidement et non pour faire montre de ce qui n'existe pas intérieurement.

Pour permettre aux forces cosmiques, aux forces curatives et vitales d'agir en nous, nous devrions prendre une attitude corporelle permettant à l'influx des forces de Dieu de s'écouler en nous le plus librement possible. Pour cela, nous nous asseyons bien droits ou nous allongeons sur le dos. Ensuite, nous nous préparons mentalement, en émettant des ondes de pensées positives, telles que : « Je suis en bonne santé », « La plénitude de Dieu se trouve en moi », « Je suis conscience cosmique ». De cette manière, nous nous entourons de la force de la confiance qui à son tour contribue à nous orienter positivement, à nous ouvrir aux forces de vie.

Si maintenant nous voulons nous adresser à la conscience de l'un de nos organes, par exemple celle du foie qui fonctionne mal, nous pouvons renforcer l'efficacité de nos vibrations mentales positives en posant notre main droite sur la région du foie.

Quelques explications à ce sujet : Chaque être humain est un corps énergétique qui reçoit et émet de l'énergie. Il a été expliqué lors de révélations que la main gauche reçoit, qu'elle est pour ainsi dire comme une antenne qui capte les forces cosmiques et les transmet. Certes, la main droite reçoit aussi, mais son rôle principal est d'émettre les énergies. Ainsi, si nous posons la paume de notre main droite – qui émet les énergies de manière renforcée – sur une partie de notre corps et que nous nous servons de la main gauche comme d'une antenne dirigée vers le cosmos, l'énergie cosmique s'écoule alors en nous beaucoup plus rapidement. De cette manière, la force du Christ, qui agit en nous, active le processus de soulagement et de guérison, avant tout dans notre âme.

En guise de préparation à la guérison proprement dite par les forces vitales cosmiques, nous nous adressons donc à la conscience de notre foie – aidés par l'imposition de la main droite, comme décrit précédemment – en prononçant par exemple les mots suivants : « Mon foie, éveille-toi de ton sommeil et accomplis fidèlement les tâches qui te sont confiées. Sécrète la bile en quantité suffisante et accomplis ce que le Tout-Puissant t'a demandé : désintoxique le corps, afin de lui permettre de bien fonctionner. »

Nous pouvons également nous adresser à notre estomac de la même manière : « Organe de la digestion, éveille-toi et accomplis les devoirs qui te sont attribués. Tu es un organe important et ces derniers temps, tu as négligé tes tâches. Sois dorénavant fiable, accomplis ton devoir. J'affirme également en toi les forces positives qui régissent tout et je suis sûr/sûre que tu accompliras allègrement la tâche que le Dieu Créateur t'a confiée, afin de contribuer au maintien de la santé et de la vie de tout le corps. »

Si nous savons et croyons que tout est énergie, que chaque cellule porte en elle la force spirituelle et que toute existence vit à partir de Dieu et à travers Dieu – l'énergie primordiale – il nous est alors possible de charger les énergies de forces positives et aussi de renforcer celles qui se trouvent dans toutes les cellules de notre organisme et en particulier dans notre âme, afin qu'elles deviennent plus actives et agissent sur d'éventuels éléments négatifs, comme la maladie ou des indispositions, pour les transformer ainsi de manière positive.

Cependant, nous pouvons agir de même dans le sens négatif. Par des pensées basses, entre autres en reconnaissant comme réalité les maladies, les coups du sort, la détresse, le désespoir, nous pouvons à un tel point dégrader les forces positives présentes en nous que notre corps s'affaiblit de plus en plus. Du point de vue spirituel, cela signifie que le noyau central de notre âme, c'est-à-dire le potentiel énergétique à travers lequel les forces divines s'écoulent en nous, diminue fortement son activité et est de moins en moins en mesure d'attirer la force de l'Esprit en nous. Cela signifie également que l'âme reçoit toujours moins d'énergie vitale et le corps physique encore moins. Les organes affaiblis deviennent alors réceptifs aux maladies parce qu'ils manquent de force vitale, c'est-à-dire d'énergie divine.

Ainsi, par des pensées et paroles positives, encourageantes, nous pouvons stimuler l'activité de la conscience d'un organe et le préparer à recevoir les forces curatives et vitales intérieures. La durée de préparation dépend des charges de notre âme ainsi que de l'harmonie plus ou moins existante entre notre monde de sensations et de sentiments et nos pensées et paroles positives. Si un organe est déjà très affaibli, au début il ne pourra absorber que très peu de forces positives, les forces curatives et vitales. Il ne faudrait donc pas se laisser gagner par le doute et devenir négligents si le succès ne se fait pas sentir tout de suite.

Après avoir préparé notre organe en émettant vers lui des énergies positives pendant environ cinq à dix minutes, nous devrions l'encourager à s'éveiller, en nous adressant par exemple à la conscience du foie en disant :

« Tu es à présent sortie du sommeil. Je te remercie de t'être préparée à recevoir les ondes curatives. »

Nous pouvons de même encourager notre estomac en émettant vers lui des vibrations positives sous forme de paroles élogieuses, par exemple :

« Toi, la conscience de mon estomac, tu es à présent éveillée. Je te fais confiance. Tu es de nouveau bien actif. L'estomac va sécréter correctement le suc gastrique, les intestins vont à nouveau bien travailler, la digestion et l'acheminement de la nourriture vont se faire sans aucun problème. Je remercie la conscience de l'organe. »

L'organe ne comprend pas nos paroles, mais les cellules qui le composent absorbent les vibrations positives émises et s'en environnent.

Nous pouvons procéder de la même manière avec chaque organe, car tout est énergie et vie. Par des sentiments, sensations, pensées et paroles positives, nous pouvons éveiller toute vie à une activité plus intense. Nous éveillons tout d'abord l'organe assoupi, ensuite nous le remercions de s'être éveillé et de s'être laissé préparer à recevoir les rayons curatifs de l'Esprit.

Après nous être concentrés à éveiller de la sorte la conscience de l'organe, nous demandons au médecin et guérisseur intérieur de rayonner Ses forces curatives de manière renforcée.

Nous nous ouvrons alors entièrement aux forces de l'Esprit du Christ. Nous ne laissons entrer aucune sensation ou pensée en nous, et emplis de confiance et de calme, nous laissons affluer les ondes curatives dans notre âme ainsi que dans notre corps.

Une confiance sereine produit la guérison, le doute engendre le contraire

Lors de l'appel aux organes, tel qu'il est décrit ici, il faut toujours se rappeler que nos pensées et paroles préparatoires ne s'adressent pas à l'organe proprement dit, mais à sa conscience, à l'Esprit qui agit en chaque cellule et gère les fonctions des organes. Les paroles que nous répétons doivent être exprimées d'une manière claire et forte. Cela suppose une confiance profonde en l'Eternel, de sorte que nos sensations sont en accord avec nos pensées et paroles. Nous devons être emplis de ce que nous pensons et disons. C'est cela la foi et la confiance en Dieu, la force curative en nous.

Lorsque nous remercions le corps, l'organe, nous devons savoir que nous ne nous adressons pas directement à eux mais à nouveau à l'Esprit qui est la vie proprement dite, la vie de l'âme et du corps et qui agit en chaque cellule, en chaque organe, dans tout l'organisme.

Nous ne devrions pas non plus penser que, la conscience de la cellule comprenant les appels qui lui sont adressés, la répétition de sensations, pensées et paroles positives serait alors superflue. Nous devons prendre conscience que ce ne sont pas les pensées ou les paroles en tant que telles qui agissent, mais les vibrations qui se trouvent derrière elles, l'affirmation de la foi et de la confiance que nous exprimons à travers ces pensées et paroles.

Si celui qui cherche la guérison ne fait que réciter des mots et qu'au fond de lui-même il doute, la conscience des cellules et le système cellulaire n'absorberont alors que ces vibrations de doute. Ce sont donc les sensations et sentiments qui vibrent derrière les mots qui sont importants, soit confiance et espoir, soit doute et méfiance. Le doute et la méfiance ne conduisent pas à la guérison. Tout au contraire, nous pouvons ainsi nous rendre encore plus malade. Par des vibrations de doute, nous affaiblissons notre corps et l'amenons sur un champ vibratoire réceptif aux germes pathologiques vibrant sur cette longueur d'onde.

Rappelons et soulignons encore une fois que les pensées sont des forces extrêmement puissantes. Bien peu de personnes sont informées du pouvoir que des pensées concentrées peuvent avoir sur quelqu'un. Plus nous nourrissons des pensées de même type, qu'elles soient positives ou négatives, plus la force qu'elles exercent sur nous est importante. Nous créons ainsi un gigantesque complexe de pensées qui, tel un satellite, nous accompagne. Il suffit que nous ayons une seule pensée dont la vibration est semblable à ce complexe, pour qu'il s'active et nous influence. Nous sommes donc ce que nous pensons ; notre âme et notre corps sont imprégnés de nos pensées.

Nous sommes entourés de pensées négatives présentes dans l'atmosphère sous forme de complexes de pensées. Les émissions négatives que nous avons projetées dans l'éther se trouvent également en nous, ce sont nos correspondances. Ainsi, il est par exemple possible que par une pensée nous traversant l'esprit, nous établissions une commu-

nication entre nos correspondances et le monde
des pensées où vibrent des éléments identiques ou
semblables. Nous devons donc être sur nos gardes
et nous analyser constamment en nous demandant
comment sont nos sentiments, pensées et paroles.
C'est ce que nous aurons à vivre.

Pour revenir aux forces positives curatives et
vitales, nous pouvons aussi les activer au sein de
notre famille. Nous pouvons en effet émettre vers
notre prochain, un membre de notre famille, des
ondes de pensées positives et par l'intermédiaire de
l'âme, rendre le corps réceptif aux ondes curatives
de l'Esprit. Si notre prochain est ouvert et s'oriente
lui aussi sur les forces positives, elles agissent alors
plus rapidement en lui car il est prêt intérieurement
à recevoir ces forces émises vers lui en pensées ou
en paroles.

Le Christ, le médecin et guérisseur intérieur de notre âme

La force spirituelle, la force curative, que nous
sollicitons ici est la force du Christ qui agit en nous.
Le Christ est le médecin et guérisseur intérieur. Sa

force est à même de se déployer dans notre corps et de faire disparaître les maux qui l'affectent.

Cependant, cette force ne peut agir que si nous plaçons nos pensées curatives entièrement en Lui et que nous sommes emplis d'un amour profond pour Celui qui est loin de toute maladie et détresse et ne connaît que la santé.

Nous devrions bannir de nos pensées et de notre vocabulaire les expressions relatives à la maladie, comme « être malade », pour que les ondes curatives spirituelles puissent accomplir nos souhaits de guérison. Elles élèvent alors notre âme et notre organisme à une vibration supérieure qui permet la guérison de notre âme par le médecin et guérisseur intérieur. Et dans la mesure où cela est bon pour l'âme, la guérison se fait aussi dans notre corps, par l'intermédiaire de l'âme.

Le Christ, le médecin et guérisseur intérieur auquel nous nous adressons, guérit avant tout l'âme. Si l'âme se porte bien, elle communique alors les forces positives, curatives, à notre organisme.

Afin que l'Esprit du Christ puisse agir plus intensément en nous, nous devons tout d'abord au quotidien nous efforcer de vivre en harmonie.

Remplacer tensions, *nervosité et crispations par la détente et le silence*

C'est dans le silence que la force agit, que la guérison de notre âme et de notre corps s'accomplit. C'est pourquoi nous devons tout d'abord parvenir au silence intérieur, afin que les ondes curatives spirituelles puissent agir.

Si nous avons du mal à trouver ce calme intérieur, ne nous énervons pas, ne marchons pas de long en large, mais efforçons-nous plutôt de rester calme et de cultiver des pensées apaisantes. Notre corps réagit immédiatement à la nature de nos mouvements et des pensées qui nous dominent.

Nous pouvons également apaiser notre esprit en calmant tout d'abord notre corps, en nous imprégnant consciemment de pensées et de paroles positives et harmonisantes. Notre attitude corporelle influence également notre attitude intérieure et peut contribuer à l'orienter positivement. Si nous sommes nerveux, le mieux est de nous asseoir bien droits sur un siège, de poser le dos de nos mains sur le haut des cuisses, de respirer consciemment et calmement, de parler lentement et à voix basse à notre conscience. Ces petits exercices contribuent à nous détendre et à préparer notre corps à la force curative qui ne peut agir en nous et sur nous que si nos sentiments, pensées et mouvements sont calmes et harmonieux.

Nous pouvons nous imaginer le monde de nos sensations comme la surface d'un lac fouetté par une violente tempête. Puis soudain, le vent se calme, l'ondulation des vagues s'efface et le lac redevient calme et lisse comme un miroir. De telles associations d'idées sont également un moyen d'apaiser le monde de nos sensations. Les tensions et l'agitation intérieure peuvent ainsi s'évanouir.

Nous devrions prêter une attention toute particulière à la conscience de notre système nerveux. Cet arbre de vie qui se trouve dans l'être humain joue un rôle prépondérant dans notre corps, contribuant à la santé ou à la maladie. Plusieurs raisons peuvent être à l'origine de notre nervosité. Elle peut être due au surmenage actuel de nos nerfs ou à une cause plus ancienne qui peut également être d'origine karmique. En dépit de nos sensations et pensées curatives, si notre système nerveux est crispé ou agité, la force du Christ ne peut pas s'écouler d'une manière accrue. Elle ne peut en effet affluer dans le corps que si la conscience de notre système nerveux, à travers laquelle elle passe, est détendue.

Ainsi, toute crispation est nuisible, qu'elle découle d'un mode de pensée erroné ou du stress. Si notre système nerveux est disharmonieux, la force éternelle, harmonieuse et harmonisante ne peut pas nous procurer aide, soulagement et guérison – tel que Dieu le souhaiterait.

Si l'on souhaite se tourner vers les forces de l'Esprit et leur accorder la première place dans sa vie, il est important de savoir que cela ne se fait pas du jour au lendemain. Ni l'âme ni l'homme ne peuvent se défaire en peu de temps de vieilles conceptions et habitudes profondément enracinées.

Avons-nous besoin d'un médecin ?
Un bon médecin allie thérapeutique médicale et thérapeutique spirituelle

Beaucoup de ceux qui commencent à inclure les forces intérieures cosmiques dans leur vie, se demanderont probablement à quoi servent réellement les médecins si la force nous permettant d'obtenir la santé absolue se trouve en nous ?

A l'époque actuelle, la plupart des gens ont besoin d'un médecin. Bien peu, en effet, sont capables d'opérer un changement intérieur du jour au lendemain et de développer une foi si vivante qu'elle puisse « déplacer des montagnes », comme le disait Jésus. Ce qui, transposé sur le plan de la guérison, signifie développer de telles forces que la puissance curative du Christ puisse d'un jour à l'autre faire disparaître toute indisposition.

Pour cela, notre état d'esprit est déterminant. Tant que nous nous identifions à notre corps et affirmons ainsi nos souffrances, nous les garderons ou en créerons d'autres. Par contre, si nous prenons conscience que nous sommes un enfant de Dieu, nous ferons l'expérience que nous ne sommes plus assujettis à toutes les adversités temporelles.

Dieu est absolu. Il est parfait et n'a créé que des êtres parfaits. Ses enfants sont donc parfaits.

Que nous soyons malades, souffrants, dans la détresse ou que nous subissions des revers de fortune, Dieu n'est pas responsable de ces maux qui nous accablent, nous les avons nous-mêmes engendrés par nos sensations, pensées, paroles et actions erronées et négatives.

Si nous souffrons de douleurs intenses, nous ne serons pas en mesure de développer une foi vivante en nous, une foi qui nous imprègne totalement. Nous devrions alors consulter un médecin qui nous apporte aide et soulagement afin de pouvoir renforcer notre foi dans la force intérieure, dans le Christ, et développer des pensées positives.

Si notre système nerveux parvient à l'harmonie grâce à des médicaments appropriés, en particulier des remèdes naturels, que nos douleurs deviennent alors supportables et que notre corps retrouve une certaine vitalité, nous pouvons alors commencer à développer des forces positives et à faire grandir en nous la foi et la confiance dans le Christ.

Si le médecin apporte une aide extérieure et que parallèlement le patient se relie au Christ et active les forces positives qui affluent alors du plus profond de lui-même, ce qui est juste selon la loi divine peut alors s'accomplir en lui. Le patient ne torpille alors plus les efforts du médecin, en ayant des craintes et des doutes quant à l'aide apportée ou l'efficacité des médicaments ou encore la possibilité d'une guérison. Médecin et patient travaillent ensemble afin d'obtenir la santé et sa stabilité.

Si le patient a une attitude positive, il affirmera les effets curatifs des médicaments et s'ouvrira ainsi aux forces positives.

Lorsque nous sommes en majeure partie parvenus à l'harmonie avec les forces cosmiques, nous retrouvons la santé. Cependant, si ultérieurement une autre charge de l'âme devait s'écouler dans notre corps et que nous tombions malade pour avoir enfreint les lois divines dans une vie antérieure, mais que la cause n'engendre ses effets que maintenant, que peut-on faire ? Où trouver un médecin expérimenté qui sache allier thérapeutique médicale et thérapeutique spirituelle ?

Nous devrions toujours en premier lieu nous tourner vers Celui qui connaît toutes choses, également lorsque, par exemple, nous nous trouvons devant la décision de consulter un médecin ou encore de nous rendre à l'hôpital. Si nous prions sincèrement, nous intériorisons et méditons régulièrement pour trouver le silence et être guidés, nous recevrons des réponses.

Pendant ces moments de silence, de prière et de méditation, des pensées secourables peuvent nous venir à l'esprit, des pensées qui nous montrent le prochain pas et peuvent souvent avoir ainsi une influence déterminante sur l'évolution de la maladie. Une aide, ô combien grande, peut alors nous parvenir si nous les mettons à profit !

Certaines personnes consultent le médecin à la moindre indisposition, pour être sûres que le cœur, l'estomac, les poumons ou tout autre organe fonctionnent normalement. Cette attitude démontre une incapacité à activer les forces curatives en soi.

La crainte d'être malade favorise justement l'apparition de la maladie. Le patient qui apprend de son médecin que tel ou tel organe fonctionne mal, se fait du souci. Il en résulte alors une aggravation des symptômes, car sous l'effet de pensées négatives, en l'occurrence la peur et l'inquiétude, la vibration de ces systèmes cellulaires est abaissée.

La vie de nos pensées, notre conscience, exerce une énorme influence sur notre organisme. Avant une consultation médicale ou des soins, nous devrions nous préparer spirituellement par la prière et la méditation.

Il serait cependant insensé de ne consulter un médecin que pour se faire ensuite du souci à propos de telle ou telle zone du corps qui serait éventuellement affaiblie. Beaucoup de bons médecins connaissent la force des pensées et savent que dans de nombreux cas l'état de leurs patients ne fait qu'empirer dès lors qu'on les informe de la maladie dont ils souffrent. La plupart des gens, même les plus vaillants, perdent courage en apprenant par exemple qu'ils sont atteints d'un cancer. C'est pourquoi les médecins devraient faire preuve de la plus grande prudence en avançant un diagnostic. Ils devraient chercher à susciter dans le patient de l'espoir, pas seulement dans l'efficacité de « leurs » médicaments et technologies, mais également dans la force qui réside *en* l'être humain, le système d'autoguérison du corps.

Si nous avons suffisamment confiance en Dieu, nous n'avons pas besoin de connaître le nom de la maladie qui nous affecte. Prendre connaissance de nos problèmes de santé dans le détail renforce souvent notre anxiété. Or, les émotions négatives et l'inquiétude aggravent encore notre état. La peur de la maladie nous lie précisément à elle.

Celui qui parvient à s'abandonner en toute confiance aux mains de Dieu et à un bon médecin, sans vouloir absolument savoir de quelle maladie il est atteint, en retire le plus grand bien pour son âme.

La guérison peut se faire par l'Esprit, sans médicaments ni substances naturelles

L'Esprit de Dieu peut guérir sans médicaments ni substances naturelles.

Celui qui s'ouvre à la force qui agit en toute chose et qui est également la force curative, permet alors à cette force de rayonner de plus en plus en lui. Il parvient ainsi à se passer peu à peu de tout médicament et remède. Une telle évolution ne se faisant pas du jour au lendemain, il n'est pas possible de supprimer brusquement des médicaments auxquels on est peut-être habitué depuis longtemps.

Cependant, nous pouvons remplacer progressivement les médicaments allopathiques par des remèdes naturels. L'organisme s'adapte alors peu à peu à ce changement. Cette reconversion devrait toutefois s'effectuer sous la conduite d'un médecin. Notre état d'esprit et notre attitude intérieure sont là aussi déterminants.

Ce changement de remèdes devrait donc s'accompagner de nos pensées positives. Ainsi, nous devrions émettre en direction de notre corps des ondes de pensées positives qui attisent, renforcent et font rayonner la lumière intérieure agissant en nous, la lumière du Christ.

Tout le monde ne peut pas parvenir à une attitude totalement positive du jour au lendemain. Au cours de ce changement intérieur où nous passons de pensées négatives, pessimistes et sceptiques, à des pensées positives, constructives et optimistes, nous traversons des hauts et des bas plus ou moins importants, comme lors d'une maladie au cours de laquelle les symptômes peuvent changer tous les jours ou encore lors du passage de l'allopathie à des remèdes naturels.

Nous devons rester conscients que tout est vibration. Nos pensées déterminent qui nous deviendrons ou qui nous sommes. Nos pensées rayonnent toujours de l'énergie vers l'objet auquel elles s'adressent et ainsi l'encouragent positivement ou au contraire l'empoisonnent, lorsqu'elles sont négatives, haineuses et sceptiques, animées de colère et d'aversion.

De tels aspects négatifs peuvent également bloquer complètement les effets des remèdes et aggraver ainsi une maladie. Par nos pensées, nous pouvons donc avoir une influence sur nos médicaments, en particulier sur les remèdes d'origine naturelle.

Si nous nous libérons des sentiments négatifs par la prière, la méditation chrétienne, et aussi en nous efforçant d'opposer des pensées positives aux pensées négatives, nos pensées et sentiments bas disparaissent progressivement et nous nous rapprochons de l'harmonie universelle. Nous rayonnons toujours plus d'énergie divine qui élève alors la vibration de nos médicaments et leur permet de nous soulager et de nous guérir.

Un remède n'est pas uniquement, comme on l'admet couramment, une substance provoquant une certaine réaction, de nature chimique, par exemple. C'est aussi et avant tout un ensemble de pensées produisant divers effets, en fonction des différentes vibrations qui se trouvent en lui et qui varient selon la conscience de l'inventeur, du fabricant, du médecin qui le prescrit et, finalement, du patient qui le prend. Chacune de ces vibrations se dépose dans le remède et agit dans notre corps, s'il y est réceptif. Si nous prenons, par exemple, des médicaments à haute concentration, toutes les pensées, c'est-à-dire les différentes influences des consciences prenant part à leur fabrication, à leur vente et à leur transmission au patient, sont renforcées en conséquence. Il est bien connu que ce genre de médicaments agit également sur notre corps spirituel, sur l'âme. Cela signifie que l'âme absorbe les influences renforcées de ces différentes consciences et s'en imprègne, si des complexes vibratoires semblables, donc des correspondances, se trouvent en elle.

Pour cette raison, il est conseillé de se préparer intérieurement et d'émettre des pensées positives vers le médicament, afin qu'il puisse agir efficacement sur l'organe concerné. Nous devons reconnaître que l'efficacité de toute substance est relative.

Ainsi, dans de nombreux cas, le médicament ne peut devenir vraiment actif que si le patient y croit et émet vers lui des pensées affirmant pleinement son efficacité. Si nous voulons contribuer par notre vibration à l'efficacité légitime du médicament, nous devons tout d'abord améliorer notre monde de sensations et de pensées, lui donner une orientation positive. Toutes les substances curatives, qu'elles soient chimiques ou naturelles, peuvent être influencées positivement ou négativement par le patient.

Si nous avons à prendre un médicament qui, comme nous l'avons vu précédemment, est un complexe de vibrations, nous devrions le déposer entre les mains de Dieu et Lui demander de l'emplir de Son rayonnement afin d'obtenir les résultats souhaités sans effets secondaires. Nous devons cependant aussi changer notre manière de penser et ainsi également mener une vie positive.

En effet, si nous changeons notre attitude intérieure, les médicaments peuvent avoir un effet positif. Si nous menons une vie intègre, l'Eternel, à qui tout est possible, est alors en mesure de neutraliser à travers nous les substances nocives, en raison de notre orientation positive. Par l'intermédiaire du médicament, Il peut alors alimenter la conscience de l'organe souffrant avec la vibration dont il a besoin – ceci en fonction de notre manière de penser et de vivre. La vibration de l'âme et du corps se transforme en fonction de notre propre changement.

L'action de la matière, donc du médicament, est proportionnelle à l'évolution de notre conscience. Plus celle-ci est orientée sur le monde matériel, plus nous avons besoin de médicaments pour guérir. Par contre, si notre conscience est éveillée à la vérité, la vérité, l'Esprit, agit en nous et nous guérit. Il ne faudrait pas en déduire pour autant qu'il soit inutile de prendre des remèdes naturels servant à soutenir notre corps, en particulier en cas d'épuisement nerveux.

La peur attire les catastrophes.
Les émissions radioactives vont aller
en augmentant

Quelle est la situation de notre monde ?
Jusqu'à présent, j'ai parlé de la prise de médicaments. Au regard des évènements qui se produisent dans le monde, des divers essais nucléaires, des ac-

cidents dans les réacteurs des centrales, de l'armement atomique et du stockage de déchets radioactifs, nous devons nous rendre à l'évidence qu'au fil du temps la radioactivité va aller en augmentant. Les accidents au niveau des réacteurs des centrales atomiques ainsi que les essais nucléaires ne sont pas les seules sources de radioactivité. Tout réacteur nucléaire, même le plus sûr, rayonne continuellement de la radioactivité. C'est également le cas pour les armes nucléaires et les déchets radioactifs.

Nous savons qu'aucune énergie ne se perd ; cela s'applique aussi à la radioactivité. Par des pensées de peur et de désespoir, nous la renforçons et la rendons encore plus dangereuse qu'elle ne l'est déjà. La peur que de nouvelles catastrophes nucléaires puissent arriver les attire – et elles se produisent alors.

Les gens sont inquiets et craignent pour leur santé et leur vie. Ils ont peur que de nouvelles catastrophes nucléaires se produisent. Comment sortir de ces peurs ? Ces pensées de peur, ces forces qui sont émises, provoquent inéluctablement ce que justement ils voulaient éviter. La peur pousse à parler de ce que l'on redoute, à penser aux dangers possibles, et nous place de ce fait quasiment dans l'attente que nos craintes se réalisent. Les énergies ainsi émises atteignent ensuite leurs buts où elles agissent et produisent peu à peu ce qui était redouté. Ce n'était pas voulu, mais des pensées et des paroles l'ont provoqué. En parlant de ce qui est négatif, le positif est remis en question. Des pensées sont émises en direction des sources de dangers et contribuent ainsi à concrétiser ce qui en fait n'était qu'une éventualité. Les pensées transforment cette éventualité en réalité, car elles agissent sur ce qui est considéré par leurs auteurs comme une source de dangers, par exemple des installations nucléaires, des entrepôts d'armes, des dépôts de déchets nucléaires ou des instances approuvant l'utilisation de l'énergie nucléaire.

Ce que l'homme sème, que ce soit en pensées, paroles ou actes, il le récoltera. Il récoltera donc d'une manière ou d'une autre les rayonnements radioactifs dangereux émis par les activités du nucléaire, par exemple lors d'accidents, d'irradiations, d'essais ou de guerres.

La radioactivité est un poison invisible, sournois, la mort qu'on ne voit pas, qui modifie l'atmosphère et la déchire par endroits. L'irradiation nucléaire, invisible, sournoise, amène la mort dans le monde animal. Elle empoisonne la Terre et sa végétation.

Elle empoisonne l'être humain et peut le conduire vers de longues souffrances.

L'homme vit de ce que produit la terre. Si celle-ci est irradiée, que plantes, herbes et fruits sont devenus une source de rayonnements négatifs, de quoi peut-il se nourrir ? Il a le choix entre manger les produits de la nature irradiée et se contaminer de plus en plus, ou mourir de faim. La même question se pose pour l'eau destinée à la consommation, les sources souterraines ainsi que les mers.

Que pouvons-nous encore faire ? Où trouver du secours ? Où trouver de l'aide ?

Le temps viendra où l'être humain ne pourra plus rien consommer qui ne soit contaminé. En raison du déchirement progressif de la couche d'ozone provoqué par différentes causes, il devra également s'accommoder tant bien que mal à une recrudescence des maladies et cancers de la peau ainsi que des brûlures.

L'humanité cosmique

L'espèce humaine actuelle va peu à peu disparaître. A sa place apparaîtront des êtres humains dont le rayonnement sera différent, une espèce humaine cosmique au rayonnement supérieur à celui de la Terre et des hommes qui l'habitent aujourd'hui. La métamorphose se fera de façon imperceptible. L'homme cosmique aura un rayonnement plus fin et plus pur. Il sera en mesure de survire à de très nombreux événements et situations, car sa vibration sera plus élevée que celle de l'homme matérialiste actuel.

Le nouvel homme, la nouvelle vie, émergera des décombres de la pensée, des aspirations et des actes par trop humains, tout comme le phénix renaît de ses cendres. Il s'agit de la nouvelle humanité, l'humanité de la nouvelle ère. Des êtres humains au rayonnement plus fin et plus pur, orientés sur la vie cosmique et qui appliquent ses lois – valables dans la nature entière, en chaque animal et chaque pierre, dans tous les astres – posséderont la nouvelle Terre, la Terre purifiée.

Les lois cosmiques sont la vie présente en chaque âme et chaque être humain, la loi éternelle, universelle que les hommes cosmiques utiliseront de la bonne manière.

De même que l'homme cosmique renaîtra des cendres des ruines de l'ancienne humanité, de la même manière, presque simultanément, toute la végétation se transformera. L'atmosphère sera toujours plus perméable. Avant tout, la couche d'ozone qui entoure et protège la Terre des rayons ultraviolets se réduira toujours plus, entraînant ainsi la destruction de nombreuses formes de vie. Les pôles et les mers se réchaufferont. Les conditions climatiques changeront. Il en résultera une transformation de toute la structure de notre planète. Au cours du temps, de grandes transformations interviendront dans la nature, le monde animal ainsi qu'en l'être humain. En d'autres termes, si le rayonnement change, la vie se transformera également.

Les hommes à la pensée matérialiste succomberont sous l'effet de maladies, de brûlures, de lésions et troubles divers causés par la radioactivité, etc. Les règnes de la nature irradiés subiront le même sort.

Une vie plus pure, plus belle et plus luxuriante naîtra à partir de cette mort. Un rayonnement plus élevé remplacera la vibration basse, négative. Celui dont le rayonnement est élevé traversera, et peut-être même survivra à beaucoup d'événements – certes après de violents bouleversements qui affecteront la Terre entière, ainsi que l'atmosphère et l'espèce humaine actuelle.

Où trouver le salut ? Où trouver le Sauveur ?

Au plus profond de chacun se trouve le secours. C'est l'Esprit de Dieu, le rayonnement suprême. Le Sauveur est donc l'Esprit de notre Père éternel, qui habite en chaque âme et en chaque être humain, dans la nature, les minéraux et les animaux.

Nous devons changer complètement notre manière de penser et nous orienter sur le rayonnement suprême, Dieu

Lorsque l'on sait qu'une vibration élevée peut agir sur une vibration basse mais que le contraire est impossible, on peut en déduire ce qui est à faire. Ce qu'il faut comprendre par là, c'est que la vibration des êtres humains, c'est-à-dire l'ensemble de nos émissions passées et présentes, qui détermine notre route et conduit à notre destruction, est une vibration négative qui ne pourra jamais atteindre le rayonnement divin et le « contaminer » par tous ses complexes négatifs. A la longue, les forces négatives se détruisent elles-mêmes, car l'Esprit de Dieu, le rayonnement suprême, ne rayonne Son énergie que vers le positif, ceci également en toute vibration négative. Comme on le sait, une vibration est constituée de deux pôles qui agissent en inter-actions – le pôle positif et le pôle négatif. Dieu, le plus haut rayonnement qui soit, n'émet Son énergie que vers le positif, la partie de la vibration qui main-tient l'interaction entre les deux pôles, positif et né-gatif. C'est ainsi que Dieu rayonne vers les formes de vie matérielles. Si leur vibration diminue et que les forces positives – le rayonnement suprême, l'énergie élevée, Dieu – continuent à s'écouler vers elles, il se crée des tensions toujours plus grandes dans la matière. Ce qui est par trop humain, néga-tif, égocentrique, s'éloigne du rayonnement élevé ; il ne peut et ne veut pas entrer en communication avec les forces supérieures. Il en résulte inévitable-ment une séparation et à la longue une transforma-tion.

Si par leur comportement, les êtres humains produisent toujours plus d'énergie négative, donc de force basse centrée sur la vie matérielle, et qu'ils agissent d'une manière perturbatrice et destructive sur toutes les formes de vie matérielle, la tension dans la matière deviendra toujours plus forte et cette dernière ne sera plus en contact avec le rayonnement élevé. Au cours du temps, cela conduira forcément à une expansion, dans le sens négatif du terme, et ensuite à une explosion sous forme de violente éruption. Il en résultera des déplacements de masses terrestres qui, à leur tour, donneront naissance à un bouleversement total de la Terre.

Pour pouvoir contrer ce processus, tous les êtres humains doivent changer. Chacun doit progressivement s'élever jusqu'au rayonnement suprême, Dieu. C'est à chacun de se rapprocher lui-même du rayonnement divin. On ne peut en effet pas attendre que Dieu abaisse Son rayonnement pour se rapprocher de nous. Cela implique un changement complet de notre façon de penser, entraînant également une manière d'agir correspondante.

*Chacun doit prendre conscience
de sa responsabilité.
Le changement commence par soi-même*

Si nous voulons vivre en bonne santé, nous devons voir et ressentir Dieu en toutes choses, mettre en pratique les lois cosmiques de l'amour désintéressé, de la paix et de l'harmonie ; voir le pur, le beau, le bon et le noble dans toutes les formes de vie et avoir du respect pour toute vie ; ne pas se contenter de parler de la vie, de Dieu et de tout ce qui devrait être fait pour parvenir à un monde meilleur. Chacun est appelé à commencer par lui-même.

Celui qui apprend à changer, à penser et à vivre selon les lois de Dieu, élève son propre rayonnement. Il oriente sa vie sur le divin. Il ne nourrit plus de pensées négatives, destructrices et ne développe ainsi plus de tels aspects. Il vit au contraire en paix avec son prochain, avec la Terre et les règnes de la nature.

La paix ne peut naître qu'à partir de l'homme lui-même, à partir de chacun individuellement, s'il s'efforce de penser et de vivre de manière désinté-ressée et dans le respect de la vie.

Chacun agit de manière déterminante non seulement sur sa propre vie et celle de ses semblables, mais aussi sur la Terre et toute la vie à qui elle donne naissance. Chacun est donc responsable de lui-même, de ses pensées et de ses actes, mais au-delà, aussi de tous les hommes, de la planète d'habitation Terre et de l'atmosphère qui l'entoure.

En conséquence, il ne faudrait pas penser que c'est à notre prochain, à l'église ou à l'Etat de changer. Chacun de nous est appelé à le faire. C'est la seule manière de parvenir à émettre des forces positives, constructives et à agir ainsi positivement – allié à beaucoup d'autres ayant le même état d'esprit – sur ceux qui évoluent encore dans l'ombre de la pensée matérialiste. De cette manière nous agissons également positivement sur la Terre dont nous sommes une partie.

Jésus disait : « Ce que tu fais au plus petit de Mes frères, c'est à Moi que tu le fais. »

Dieu est tout en toutes choses. Ce que nous infligeons à notre prochain, aux règnes de la nature, retombe sur nous-mêmes.

Si nous voulons élever la vibration de notre âme et de notre corps, nous devons changer notre attitude intérieure. Si nos sentiments, pensées, paroles et actes sont positifs et que nous commençons à mener une vie désintéressée, à respecter notre prochain, à l'aimer, à lui faire du bien, à estimer la vie de la Terre et les règnes de la nature, alors, avec l'aide de la force du Christ, notre être, notre vibration, s'affinera et s'élèvera.

*Dieu en nous, le rayonnement suprême,
est le salut. Notre conscience développée
nous conduira*

Nous serons alors toujours plus embrasés par la force de Dieu, le rayonnement le plus fin qui soit. Il élèvera notre âme et fortifiera nos cellules, nos organes, nos muscles, nos glandes et nos hormones – il mènera l'organisme tout entier à un rayonnement supérieur. Lorsque des forces supérieures rayonnent ainsi en nous et nous animent, nous parvenons à nous détacher toujours plus des vibrations basses, négatives.

Le rayonnement positif, élevé, de notre âme et de notre corps agit alors positivement sur les remèdes que nous prenons. Il nous protégera également des nombreux dangers qui s'abattront sur la Terre et beaucoup de ses habitants.

C'est ainsi que naîtra la nouvelle humanité. Le positif s'élèvera à partir du négatif. Le genre humain spirituel, conscient de Dieu, naîtra de l'espèce humaine centrée sur l'éphémère, sur la matière.

Dieu en nous, le rayonnement suprême, est le sauveur en toute détresse et face à tout danger.

Ainsi, si à l'avenir nous voulons échapper aux plus graves dangers, obtenir la guérison par l'Esprit et nous libérer des peurs et des contraintes, adoptons cette devise qui nous apporte la solution : Plus près de Toi, mon Dieu !

Si nous voulons nous rapprocher de Dieu, commençons tout de suite ! Laissons vibrer profondément en nous des sentiments de gratitude envers Dieu et de bonté envers tous les hommes.

Au lieu de nous plaindre de notre maladie, essayons de développer et d'émettre des sentiments de gratitude envers Dieu et de bonté envers tous les hommes. En effet, de tels sentiments font disparaître les tensions intérieures et augmentent la capacité de résistance du corps, car ils génèrent en nous un flux accru de vibrations élevées.

Ainsi, nous devrions nous efforcer d'élever notre conscience à un plan spirituel supérieur, au rayonnement fin et élevé de Dieu, par une vie intègre, par la prière et la méditation, par des pensées et actions positives. Non seulement les signes cliniques de la maladie qui nous affecte se transformeront, mais de surcroît nous apporterons de la lumière dans l'existence sombre de beaucoup de personnes.

Si nous vivons dans la maîtrise de nous-mêmes et en accord avec les lois divines, et que notre conscience se développe vraiment, elle pourra nous guider, par exemple, vers un médecin qui saura trouver le traitement qu'il nous faut. Il est possible également qu'une autre fois, elle nous montre le chemin de la guérison sans que nous ayons à faire appel à un médecin. Une conscience en grande partie développée, dans laquelle la force éternelle du Christ agit toujours plus intensément, peut aussi, par exemple, nous faire éviter une zone de dangers où un grand malheur se prépare ou encore nous amener à modifier des projets et ainsi écarter des dommages que nous-mêmes ou d'autres personnes aurions sinon subis.

Lorsque notre conscience vibre dans la conscience de Dieu, dans Son fin rayonnement, il est possible à Dieu de nous guider en fonction de Ses lois. Notre conscience élevée guide alors notre vie en toutes choses, petites et grandes.

Par exemple, face à un choix d'aliments, nous n'éprouverons pas d'appétit pour ceux qui ne sont pas adaptés à notre constitution, voire renferment des substances nuisibles, donc des poisons pour notre organisme.

Nous décidons donc nous-mêmes de notre vie, en fonction de nos sensations, pensées, paroles et actes. Nous devons retrouver l'harmonie de notre soi véritable avec l'univers tout entier. Nous serons alors guidés par la force de Dieu et du Christ. Nous obtiendrons santé et bien-être, et vivrons dans le fin rayonnement divin qui peut alors nous protéger.

Nous sommes des enfants de Dieu.
La source de la force et de la santé se
trouve en nous.
Nous devons bannir de notre conscience
les pensées négatives

La représentation de la maladie, des problèmes, de la peur, des soucis et de la détresse doit disparaître de nos pensées. Tous nos efforts doivent tendre à ne plus considérer ces aspects humains, par exemple la maladie, comme un état dont on doit guérir. En pensées, et avec une profonde conviction, figurons-nous que la maladie et tous les autres maux n'existent pas ! Au lieu de nous focaliser sur la maladie, les soucis, les difficultés et autres problèmes, nous affirmons la santé, la joie, l'harmonie, la satisfaction et le bonheur !

Nous devrions prendre le temps de méditer sur la force de Dieu qui est parfaite, sur Son fin rayonnement, la réalité cachée derrière l'ombre de la maladie, de la souffrance, de la détresse et des soucis – ceci sans tenir compte des apparences extérieures, par exemple, de la gravité que semble présenter une maladie ou une infection. Ainsi, nous élevons notre vibration, notre rayonnement s'affine et la manifestation de la maladie se modifie en conséquence.

Chacun de nous, de par son être véritable, est un enfant du Très-haut et porte en lui la vie divine. Selon notre origine, nous sommes divins. La plénitude inhérente à notre être véritable est santé, paix et félicité.

Méditons sur ces mots : nous sommes des enfants de Dieu, nous possédons toute la plénitude de l'infini, santé, paix et bonheur.

Nous devrions donc nous tourner vers Dieu, la force et la plénitude éternelles, ne pas parler de nos maladies et revers de fortune, ne pas nous lamenter ou nous demander quel nouveau médicament nous pourrions bien essayer aujourd'hui. Car en nous focalisant sur la maladie et ses causes, nous contribuons à développer de nouveaux symptômes et germes pathogènes.

Nous devrions nous opposer à ce que de telles conceptions négatives pénètrent notre conscience. Lorsque nous avons surmonté ces « erreurs », la perfection inhérente à la réalité peut alors faire son apparition, car en nous se trouve le soi réel, notre vie véritable. Quoi qu'il en soit, nous sommes à chaque instant des enfants de Dieu. Afin que la force vitale puisse agir en nous, nous devons nous défaire de tous nos aspects négatifs.

La haine doit avoir disparu de notre vie. Nous devrions considérer notre prochain comme un ami et frère. En neutralisant toute émotion fébrile, nous parvenons à la paix intérieure. C'est dans cette paix que l'âme et l'homme guérissent.

Tout comme les corps matériels sont assujettis à la loi de la pesanteur, les pensées sont, elles, soumises à la loi de l'attraction.

Prenons donc bien conscience que la maladie n'est rien d'autre que la manifestation de nos pensées !

Ce que nous attirons par des pensées s'installe pour ainsi dire en nous, car nous portons en nous des éléments semblables ou identiques. Ce qui se ressemble s'assemble.

*Qu'est-ce que la maladie en réalité ?
La maladie repose sur un mode
de pensée erroné*

On peut comparer la maladie à la formation de nuages. La vapeur d'eau monte de la surface de la Terre et se condense pour former des nuages qui nous cachent le soleil.

De même, les causes enregistrées dans l'âme de l'être humain remontent en lui et se manifestent par des effets prenant la forme de maladies. Ces causes crispent le système nerveux et réduisent ainsi la force de l'Esprit qui aide, guérit et fortifie.

Prenons conscience que même si pour nous le soleil spirituel, l'Esprit éternel, est caché par les nuages, le soleil en soi, l'Esprit, n'en est pas pour autant altéré ! Les nuages, que sont nos causes, enveloppent l'âme comme un voile. L'Esprit Lui-même n'en est pas affecté.

La maladie repose sur un mode de pensée erroné.

Toute pensée étant énergie, ce que nous pensons prend forme. La somme de nos pensées agit sur notre âme et notre corps.

Avoir peur de la maladie ou en parler revient à l'affirmer. Nous créons ainsi le complexe de pensées appelé maladie.

Aucune énergie ne se perd. Par la peur de la maladie et en en parlant, nous émettons des énergies correspondantes, nous attirons ce que nous émettons et en sommes alors influencés. Nous chargeons notre âme et notre corps, et tombons alors malades.

Nous pouvons dire ainsi que nos maladies sont des pensées manifestées – nos propres pensées, et non celles de notre prochain.

Si nous craignons d'être atteints de virus et de bactéries nuisibles, nous les attirons et ils peuvent alors nous influencer et produire dans notre corps ce que nous avons craint ou quelque chose de semblable.

Nos craintes deviennent alors réalité.

Peurs et soucis proviennent d'un manque de confiance en Dieu, qui lui-même est le signe que la force de l'Esprit ne s'écoule que faiblement en nous. Si nous renforçons encore nos craintes et soucis en les affirmant, la force de l'Esprit diminue toujours plus, de sorte que nous manquons d'énergie. Plus nous ruminons nos soucis et réfléchissons à nos maladies, plus nous nous appauvrissons en énergie.

Lorsque l'énergie que l'Esprit nous donne est insuffisante, il en résulte un affaiblissement de l'âme et du corps, et nos craintes peuvent alors agir sur nous.

Nous nous infectons, pour ainsi dire, avec nos propres pensées de crainte et de soucis, avec des pensées tournant autour de maladies, de difficultés et de revers de fortune. Répétons encore une fois que si nous avons peur des virus et des bactéries nuisibles, nous les attirons et pouvons en être infectés.

La maladie repose sur une pensée erronée.

Tôt ou tard, il nous faut prendre conscience et assimiler que nous sommes en réalité des enfants de Dieu, des êtres cosmiques. Dieu a créé notre être profond, notre corps spirituel, absolument pur et libre.

Dieu est absolu. Il ne connaît pas la maladie.

Si nous sommes des êtres purs issus de Dieu, en Lui nous sommes alors absolus, purs, libres et ainsi parfaits.

Si nous sortons de l'absolu, de Sa loi de l'amour et de l'harmonie, notre vie s'en trouve affectée. Nous sommes tous concernés, pour avoir enfreint la loi de Dieu par notre façon erronée de penser et d'agir. Ces schémas de pensée incorrects agissent sur nous et nous marquent. Ils nous façonnent. En d'autres termes, nous devenons la matérialisation de nos propres schémas de pensée, par exemple de nos peurs ou soucis de toutes sortes. Par la peur d'une maladie, nous faisons naître autour de nous, et ensuite en nous, la manifestation de cette maladie. Elle s'est développée parce que nous sommes sortis de l'absolu par une manière de penser erronée.

Dans l'Esprit, la maladie n'existe pas. Ainsi, elle n'a pu être créée que par nous-mêmes. Les maladies dont nous sommes atteints correspondent à notre être. Il s'agit d'un complexe de pensées qui se matérialise dans notre corps. Ce complexe de pensées agit sur nous proportionnellement à la possibilité que nous lui donnons de le faire, en fonction de l'intensité des pensées et des peurs que nous entretenons au sujet de la maladie.

Nous ne pouvons en aucun cas nous débarrasser de graves maladies uniquement par des pensées positives. Cependant, si nous émettons ces pensées au plus profond de nous-mêmes et les dirigeons vers nos cellules et organes, tels des encouragements, elles préparent notre corps à recevoir les ondes curatives de l'Esprit. Ce que nous pensons, nous devrions aussi l'approuver et l'affirmer en sensations et sentiments. En d'autres termes, pensées, sensations et sentiments doivent être animés par une seule et même volonté.

Notre existence pure, le noyau central de l'âme, ne forme pas une unité avec la maladie. Nous devons élargir et élever notre conscience par des pensées positives et des pensées de santé, afin qu'elle puisse communiquer plus intensément avec le noyau central de l'âme, avec l'Esprit absolu. L'Esprit peut ainsi s'écouler plus fortement en nous et amener le salut dans l'âme et la guérison dans le corps.

Il devient possible alors à l'Esprit de Dieu en nous de résorber et de faire disparaître la maladie, comme le soleil dissipe les nuages. Il nous faut cependant faire le premier pas, élargir et élever notre conscience pour entrer plus intensément en communication avec le noyau central, le divin en nous.

Nous cherchons souvent la force de la guérison intérieure en nous tournant vers la source de la vie qui s'écoule en nous, par la prière, la méditation, des pensées positives ou en adoptant une alimentation choisie. Pourtant, nous n'arrivons pas à atteindre totalement le niveau de vibration où la guérison par l'Esprit de Dieu est possible. Si nous nous sentons à peu près en harmonie, que nos pensées sont en large mesure positives, mais que malgré tout, nous ne parvenons pas à élever notre conscience, nous devrions alors mener une introspection.

Examinons ce qui se passe dans notre vie, au sein de notre famille. Existe-t-il des discordes, des querelles, de la colère, peut-être de la haine ou d'autres disharmonies. De telles influences perturbatrices peuvent se répercuter sur une personne tournée vers l'intérieur. Elles peuvent l'empêcher d'atteindre l'harmonie qui lui permettrait d'entrer plus intensément en contact avec le médecin et guérisseur intérieur. Si la disharmonie règne au sein de la famille du malade, il serait alors bon qu'il s'efforce lui-même d'y apporter de l'harmonie.

Des phrases faciles à retenir et nous servant de soutiens de conscience peuvent nous y aider. Par exemple : « Ma famille se compose d'enfants de Dieu », « Dans ma famille composée d'enfants de Dieu, seules la perfection et l'harmonie peuvent régner », « La conscience de chacun est emplie de paix et d'amour ». Si nous nous programmons avec de telles pensées et que nous émettons ces ondes positives vers notre famille, beaucoup de choses peuvent changer, évidemment en fonction de la conscience de chacun – de sa proximité ou de son éloignement de l'Eternel.

Toutes les pensées sont des forces, qu'elles soient positives ou négatives !

Faisons donc preuve de patience et de compréhension, soyons confiants qu'au sein de la famille également une transformation s'accomplit ! Considérons notre prochain comme une partie de nous-mêmes. Nous pourrons alors faire preuve à son égard de compréhension, de tolérance et d'amour, cet amour qui guérit tant de blessures intérieures.

*Nous devons changer notre façon de penser.
L'affirmation de notre nature véritable
favorise la guérison.
La guérison spirituelle est un processus où
l'être humain se libère des maux qu'il a
lui-même engendrés*

Nous devrions prendre conscience de ce que cela signifie et nous programmer selon ces pensées : Dieu, notre Seigneur, n'a créé aucune maladie. De ce fait, dans Sa réalité il n'existe pas non plus de maladies. Il ne faudrait donc jamais penser que nous sommes malades. Abandonnons tout sentiment de maladie et en pensée affirmons la santé en nous. Alors, la conscience de nos cellules s'éveille et nous offre force et paix en abondance.

Celui qui demande à recevoir les courants de guérison doit orienter sa pensée sur la force curative, sur la vérité et prendre conscience qu'il est un enfant de Dieu et ainsi une réalité spirituelle.

Lorsque nous perçons les nuages épais du monde des apparences et que nous saisissons notre nature spirituelle, nous pouvons alors affirmer avec pleine conviction : « Je suis un enfant de Dieu. »

Afin de pouvoir penser positivement et développer des pensées de santé, il ne faut pas s'identifier à son corps, car l'existence humaine renferme en soi instabilité, disposition aux maladies et destruction. Nous devrions au contraire nous reconnaître comme un être éternel, indestructible, qui peut s'épanouir en Dieu, son Seigneur et Père.

Quelle que soit la gravité de notre état de santé, aussi faibles que nous soyons, ce n'est pas l'essentiel. Ce n'est qu'apparence. Les apparences sont comme des ombres – elles ne sont pas la réalité.

Or, ce qui n'est pas réel est une illusion. Le propre de l'illusion est de nous faire accepter comme réalité ce qui n'a aucune existence effective. Ce qui n'existe pas réellement n'existe pas !

Il nous faut apprendre à changer totalement notre manière de penser et à orienter nos sensations et pensées sur les lois de la vie. Nous parvenons alors à la vérité, à Dieu en Christ, qui nous rend libres. Nous devons détourner notre pensée des maux qui nous accablent intérieurement ou physiquement, et nous efforcer d'avoir des pensées optimistes et constructives qui favorisent la santé. Cultivons des pensées de santé !

Quand nous prenons conscience et acceptons que Dieu est notre vie, nous comprenons que rien ne peut exister en dehors de Dieu. Laissons-Le se manifester en nous en affirmant le divin ! Les complexes de pensées négatives s'éloigneront alors. En nous tout deviendra plus clair, harmonieux et joyeux.

La maladie est un mal. Dieu n'a pas créé de maux. Ils n'existent donc pas. Même si sur le plan extérieur, matériel, ils sont présents, dans notre vie véritable, en Dieu, ils n'ont pas d'existence réelle.

C'est pourquoi nous devrions affirmer notre nature véritable. C'est Dieu qui a créé l'être spirituel pur, absolu, le corps spirituel empli de lumière et de force qui se trouve en nous.

Comme nous l'avons vu à plusieurs reprises, nous ne devons pas affirmer l'existence de la maladie, sinon nous conférons à cette apparence une force qu'elle ne possède pas par elle-même.

Nous ne devrions pas accepter ce qui n'existe pas sur le plan spirituel, dans la véritable réalité. La force repose dans la vérité, dans la réalité spirituelle. C'est cette force-là qu'il nous faut affirmer !

Nous devons donc apprendre à changer notre façon de penser.

Ce n'est qu'en changeant individuellement notre manière de penser que l'humanité peut devenir florissante, grâce à la force de Dieu. Elle pourra alors guérir et vivre dans le bonheur, la joie, la paix et l'harmonie.

La guérison spirituelle, la guérison par l'Esprit de Dieu en nous, est un processus où l'être humain se libère des maux qu'il a lui-même engendrés.

L'Esprit, Dieu, ne peut cependant agir de manière renforcée et nous libérer que si nous avons nous-mêmes créé les conditions nécessaires.

La première des conditions est de se tourner vers Celui qui est la vie, de changer sa manière de penser et de remplacer les pensées négatives ressassées au hasard du temps par des pensées positives et conscientes, résolues, constructives et stimulantes.

La prière véritable renferme en soi l'accomplissement

La prière est l'expression directe de la relation avec Dieu. Cependant, nos pensées de prière ont d'autant plus de force que nous en réalisons nous-mêmes le contenu au quotidien

Ainsi, si je prie en vue d'obtenir la santé, je dois également m'efforcer dans la vie de m'imprégner de pensées de santé et non de maladie. Je m'ouvre alors aux ondes curatives.

Lorsque je prie pour la paix et l'harmonie, je dois m'efforcer de voir le bien chez mon prochain, d'affirmer ses qualités positives et de ne pas dire de mal de lui.

Ce que j'émets revient vers moi ! Si je souhaite paix et harmonie à mon prochain, et que je vois en lui la lumière divine, donc le positif, paix et harmonie reviennent alors vers moi. Je *deviens* ce que je dépose dans mes prières.

Si je souhaite être aimé, je dois m'efforcer d'aimer mon prochain. J'émets en fonction de ce que je suis et l'écho qui me revient correspond à ce que j'ai émis.

Il est donc essentiel de changer notre manière de penser.

Bien prier implique toujours en même temps de bien se conduire dans la vie. La prière correcte renferme en elle l'accomplissement de notre vie et est d'une importance capitale.

Prier correctement signifie donc vivre correctement.

Prier correctement signifie accomplir les lois de Dieu, pardonner à notre prochain, l'aimer et envoyer des pensées positives, bonnes et aimantes, même à notre ennemi le plus acharné.

C'est ce qu'on appelle la prière vécue, qui agit alors en nous et ouvre notre conscience aux ondes curatives du Christ. Celui qui peut ainsi prier de tout cœur et qui sollicite la force et le secours de Dieu les recevra.

Cependant, lorsque leurs prières ne sont pas tout de suite exaucées, la plupart des gens se plaignent et perdent la foi en Dieu. Ils déterrent ainsi la semence qu'ils avaient pourtant déposée avec confiance dans un sol fertile et fécond.

Nous devons cependant prendre conscience qu'une prière véritable et sincère, une prière vécue, est déjà exaucée dans le monde de la réalité.

Une telle prière en vient inévitablement à se réaliser, car ce qui est affirmé et vécu se trouve déjà dans le monde intérieur.

Dieu, notre Père, est plénitude. Il a déposé en nous toute la création. Ainsi, tout est en nous.

Nous devrions reconnaître que la récolte se trouve déjà dans la semence, même si elle est encore imperceptible à nos yeux physiques. Si nous arrosons la bonne semence avec de bonnes pensées de prière et des forces optimistes, elle donnera des fruits.

La prière vécue de cette manière résulte d'une foi profonde et de la confiance en Dieu, notre Seigneur, et en notre Rédempteur, le Christ.

Si nous savons qu'en nous se trouve déjà ce que nous désirons, il ne tient alors qu'à nous d'activer ces forces par une pensée et une vie positives !

La patience fait également partie des attributs de Dieu. A l'inverse, nous sommes impatients et attendons que la graine déposée aujourd'hui dans nos prières germe déjà demain ou dans une semaine et nous apporte la récolte souhaitée. Nous ne devrions pas attendre que l'objet de nos prières se concrétise immédiatement.

Dieu Seul sait ce qui est bon pour le salut de notre âme. Seule une bonne semence apporte une bonne récolte. L'amour est la puissance suprême et constitue notre être véritable

Toute attitude d'attente envers Dieu est synonyme de doute.

Nous devrions au contraire rester confiants et sûrs d'avoir déjà reçu intérieurement ! Afin que cela puisse se manifester à l'extérieur, nous devons développer la confiance profonde que l'amour de Dieu est proche de nous, que Dieu est là, tout près, qu'Il nous connaît. Nous-mêmes, nous ne nous connaissons que très peu. Lui sait ce qui est bon pour nous. En revanche, nous, nous ne le savons pas, car nous ignorons la teneur des charges de notre âme.

Tout concourt à faire grandir notre âme. C'est pourquoi nous ne devrions jamais rien exiger de Dieu, mais uniquement déposer nos requêtes entre Ses mains. Lui seul sait ce qui est bon pour notre âme.

Exerçons-nous donc à la patience, en préparant notre corps aux ondes curatives. Nous ne pouvons obtenir les plus grands bienfaits que si nous avons mûri pour cela, en menant une vie correspondant à la volonté de Dieu. Nous devons reconnaître que la souffrance aussi est nécessaire à l'évolution de l'âme humaine, jusqu'à ce qu'elle ait atteint un certain niveau.

La souffrance peut également venir de l'écoulement d'une charge de l'âme. Dans ce cas, l'Esprit du Christ, le médecin et guérisseur intérieur, ne peut pas complètement l'éliminer, mais tout au plus la soulager. Seul celui qui a atteint un certain degré d'évolution n'a plus besoin de souffrir.

Pour sortir d'une vie faite de souffrances, il est nécessaire de s'analyser tous les jours :

Quelles paroles prononçons-nous ? Parlons-nous en mal ou en bien de notre prochain ? Sommes-nous pessimistes ou optimistes ? Parlons-nous de banalités ? Nos sujets de conversations sont-ils plutôt tournés vers l'argent et la richesse ou bien vers ce qui peut contribuer au développement spirituel ?

Prenons conscience que les réponses à ces questions sont décisives pour le cours de notre vie présente et future.

S'il est clair pour nous que nous récoltons aussi les fruits de chacune de nos paroles, nous veillerons alors à surveiller nos sensations, pensées et paroles. Des pensées et paroles positives, aimantes, sont de véritables prières. En revanche, des paroles acerbes, méchantes, ne nuisent pas seulement aux autres, elles se répercutent aussi sur notre vie et notre santé. Des paroles aimantes, qui apaisent et réjouissent le cœur agité de notre prochain, favorisent également notre propre santé et nous rendent heureux.

Dans la Bible déjà, il est écrit : Ce que tu sèmes, tu le récolteras. C'est pourquoi, nous devrions déposer de bonnes semences dans le champ de notre vie. Nous récolterons alors de bons fruits, tels que la santé et la joie.

Nous constatons souvent que nos prières ne sont pas exaucées. Quelle peut en être la raison ? Nous devons prendre conscience que la loi de cause à effet s'applique partout. Certains pensent qu'il est plus facile de prier que de renoncer au moi humain ou d'agir pour son prochain. C'est en effet le cas pour une prière qui n'est que récitée. Cependant, une telle prière ne produira que peu de fruits. Elle ne contribue pas non plus à nous conduire à la guérison et à l'harmonie, au bonheur et à la joie, car ce n'est pas une prière vécue.

Celui qui n'éveille pas sa prière à la vie, en l'activant par une mise en pratique vivante, ne pourra jamais être exaucé.

Tôt ou tard, nous devons tous reconnaître que seul celui qui a déposé une bonne semence dans le champ de la vie obtiendra une bonne récolte.

En conclusion, rappelons ce qui est nécessaire pour parvenir à la guérison par l'Esprit :

Nous libérer progressivement de nos sensations et pensées basses.

Devenir chaque jour plus conscients que nous sommes des êtres cosmiques, des enfants de Dieu.

Demander pardon et pardonner à notre prochain.

Si nous apprenons peu à peu à nous comporter de la sorte, nous nous sentirons libres intérieurement, libérés de ce qui est négatif. Ce négatif qui voudrait nous tirer vers le bas et nous lier à des aspects humains tels que la haine, la jalousie, l'hostilité et bien d'autres choses encore. L'intention sincère de demander pardon à notre prochain ou de lui pardonner, donc la bonne volonté d'aller au bout de cette mise en ordre, constitue déjà le premier pas.

Afin de nous libérer de pensées de haine ou d'hostilité et pouvoir nous emplir d'amour, nous devrions matin et soir nous retirer quelques minutes dans une pièce silencieuse ou un coin tranquille.

Nous devrions alors ressentir, penser ou exprimer au plus profond de nous-mêmes, des phrases comme : « Je suis un enfant de Dieu. Puisse l'amour emplir mon cœur ! Je ne veux ni haïr ni garder en moi de l'animosité. J'aime également celui qui n'est pas bien disposé à mon égard. »

Si nous parvenons à donner de l'amour d'une manière toujours plus désintéressée, avec le temps il reviendra également vers nous.

Qui sème de l'amour récoltera de l'amour. C'est une loi de l'Esprit : ce que nous émettons, nous le recevrons.

Cependant, l'amour, ce n'est pas uniquement susurrer des paroles agréables à entendre. L'amour c'est aussi la rectitude, la droiture, qui quand cela est nécessaire exprime des aspects de la loi divine. L'amour, c'est dire les choses qui doivent l'être. L'amour, c'est quand mes sensations, pensées et paroles sont désintéressées. L'amour, c'est tout cela.

Ce que nous émettons revient vers nous, prend racine et nous affecte en conséquence. C'est pourquoi, recevoir des forces curatives demande de mener une vie intègre et désintéressée.

L'amour est la puissance suprême dans tout le cosmos.

L'amour est notre être véritable.

Puisse chacun de nous atteindre à nouveau cette force suprême, cosmique, l'amour, afin de pouvoir contribuer à la prospérité et au progrès de l'humanité et de chaque âme individuellement.

C'est ce que je souhaite de tout cœur à tous mes semblables.

Salutations en Dieu,

Gabriele

Apprends à prier

*Dans la prière véritable
tu fais l'expérience de Dieu
La prière véritable rend heureux*

Dieu habite dans l'âme de chacun. Il est donc toujours proche de nous, Il nous entend et nous comprend. Chacun peut apprendre à dialoguer avec Lui dans la prière. Ce livre nous donne les clés de cet apprentissage.

54 pages • N° ISBN 978-3-89201-366-2

La guérison par la foi
La guérison globale

Que l'on soit malade ou en bonne santé, ce livre montre à chacun ce qui est important dans la vie ! Une vie positive génère la liberté, la paix et la santé. Apprenez à développer en vous-même les forces d'autoguérison grâce à la foi active.

140 pages • N° ISBN 978-3-89201-121-7

Ceci est Ma Parole A et Ω

L'Evangile de Jésus

Dans cette révélation divine, non seulement le Christ révèle Lui-même la vérité au sujet de Sa vie et des enseignements qu'Il a donnés lorsqu'Il était Jésus de Nazareth, mais Il nous donne également une vision d'ensemble de ce qui fut, est et sera.

1061 pages • N° ISBN 978-3-89371-370-7

Gabriele-Verlag Das Wort GmbH
Max-Braun-Str. 2, 97828 Marktheidenfeld, Allemagne
www.editions-gabriele.com